DE LA SOUVERAINETÉ
DE LA NATION,

PAR RAPPORT

A LA CONSTITUTION,

OU

RÉFLEXIONS SUR LES BRUITS DU JOUR.

PAR M. S.-A..... B.....D.

PARIS,
CHEZ PLANCHER, LIBRAIRE, RUE POUPÉE, N° 7.

1819.

IMPRIMERIE DE MADAME JEUNEHOMME-CREMIÈRE,
RUE HAUTEFEUILLE, N° 20.

DE LA SOUVERAINETÉ

DE LA NATION,

PAR RAPPORT

A LA CONSTITUTION.

Si, pendant cinq ans, la France a supporté avec tant de résignation les calamités de toute nature qui ont pesé sur elle, si elle a consenti à humilier son orgueil devant une occupation étrangère; si lorsque ses richesses étaient frappées dans leurs sources, elle a payé des impôts qui seraient encore exorbitans dans l'état de la plus grande prospérité; c'est qu'elle commençait à jouir de la liberté, c'est qu'elle en voyait encore le bienfait s'étendre dans l'avenir, c'est que, pour la liberté, tous les sacrifices sont possibles.

Et c'est lorsqu'elle croyait toucher enfin au but de tant d'efforts, lorsqu'elle était en droit d'en exiger le prix, que l'on vient imprudemment la menacer de tout perdre, et les fruits déjà recueillis, et ceux qu'elle devait se promettre encore.

Lorsque la réaction de 1815 désolait la France, quand des lois d'exception, faites au profit d'une faction et confiées à ses mains, eurent détruit toute sûreté dans l'immense majorité des citoyens, il n'y en eut bientôt plus pour les gouvernemens; de nouvelles rigueurs lui devenaient à chaque instant nécessaires, et ne le préservaient un jour qu'en ajoutant encore à l'incertitude du lendemain. On apprit enfin qu'un gouvernement ne pouvait avoir de garanties de son existence, que dans celles qu'il offrait aux intérêts de la nation. Les lois d'exception furent révoquées peu à peu, et l'on vit renaître à mesure le calme et la confiance. Au milieu de l'immensité des charges publiques, la nation prospéra et le gouvernement devint fort; nul n'osa plus se déclarer ouvertement son ennemi, parce que partout il avait acquis des défenseurs.

Et c'est au milieu de cet heureux état de choses, produit par le retour aux principes, que l'on voudrait les violer de nouveau!

Des hommes sages, des citoyens fidèles sont exclus du ministère, parce que, dit-on, ils refusent de porter une main sacrilége sur la constitution.

Devons-nous donc voir encore remettre en question toutes nos institutions, toutes les garanties de nos libertés? Serons-nous encore réduits à les défendre contre ceux que nous devions croire, et par sentiment et par prudence, leurs plus ardens protecteurs?

Pourtant quelque degré de consistance qu'aient acquis aujourd'hui les bruits alarmans qui circulent, soit par les discours d'ouverture des chambres, soit par les feuilles ministérielles, ils sont d'une telle importance, ils présentent dans leur réalité tant de chances effrayantes pour l'avenir, que l'on doit repousser les faits presque positifs sur lesquels ils s'appuient, pour n'en croire que sa raison.

En effet de quoi s'agit-il? d'étendre la durée de la chambre des députés.

De changer les conditions de l'éligibilité.

De remplacer le système actuel d'élections par les deux degrés adoptés par Bonaparte, d'enlever enfin par ces moyens toute indépendance à la chambre, et de la remettre de nouveau à la disposition du ministère. De là on voit découler les conséquences les plus funestes; c'est en vain qu'avec ces changemens on annonce sous d'autres rapports de véritables améliorations; on ne les considère que comme un moyen de prévenir les craintes en donnant le change sur des intentions ultérieures. On pense que lorsque le ministère aura la majorité dans les chambres, il reviendra non seulement sur ces améliorations, mais encore sur toutes les lois libérales que nous avons obtenues; on voit de nouveau les écrits soumis à la censure, on voit le pouvoir ombrageux suspendre encore la liberté des citoyens, sans exprimer de motifs, sans être soumis à aucune forme, à aucune responsabilité. En songeant aux prétentions, aux doctrines d'un certain parti, au profit duquel on paraît vouloir agir, on voit encore arriver à son but cette tendance à l'inégalité des droits qu'il a tant manifestée par ses regrets; on voit l'humble prétention d'*indemnité* élevée par des hommes sans pouvoir, devenir une prétention à restitution chez des hommes puissans; on voit une religion de paix devenir dans leurs mains une religion implacable, et le fanatisme odieux dicter une nouvelle révocation de l'édit de Nantes, commander encore des dragonnades....., enfin, le premier pas franchi par les changemens de la nature de ceux qu'on annonce, l'imagination ne voit plus de terme aux dangers.

Et sans doute que les craintes que l'on conçoit seraient fondées, si ce premier pas était possible ; mais des obstacles insurmontables s'opposent à ce qu'il soit fait jamais de la manière dont on voudrait le tenter.

Lorsqu'on est parvenu à se soustraire à la contagion de la crainte publique, lorsqu'on est rendu à soi-même, à sa raison, on s'étonne que ces obstacles ne soient pas appréciés par tout le monde, et que pour les rendre sensibles, on puisse se trouver encore aujourd'hui dans la nécessité de recourir aux principes les plus clairs et les plus généralement reconnus ; mais c'est que lorsque la crainte s'empare des esprits, elle leur fait perdre de vue tous les moyens de défense, et les rend inhabiles à toute autre chose qu'à craindre.

Ce n'est pas de l'examen du mérite des changemens qu'on se propose, que je prétends tirer l'impossibilité de les faire.

Il me suffira de prouver que le droit s'y oppose.

Je chercherai dans l'origine et dans la nature de la charte, si les pouvoirs qu'elle a constitués, peuvent avoir le droit de la changer ou de la modifier.

J'examinerai s'ils peuvent avoir intérêt à violer le droit, et, pour répondre à un autre bruit, s'ils peuvent y être forcés.

Qu'est-ce donc que la charte?

La différence dans les noms que l'on donne aux choses a nécessairement pour objet d'exprimer une différence dans leur nature; nous appelons loi, l'acte formé par le concours des pouvoirs du gouvernement représentatif; nous appelons constitution, l'acte d'où ces pouvoirs tirent leur existence. La loi est un acte du gouvernement, la constitution en est le principe. On est convenu qu'un gouvernement devait offrir des garanties : or il est clair que celui qui pourrait agir contre son principe, changer les conditions de son existence, n'en offrirait aucune : donc, la charte, qui est le principe de notre gouvernement, ne saurait être à sa disposition.

Il y a trente ans encore que l'on croyait presque avoir fait une découverte lorsque l'on disait que la souveraineté résidait dans le corps entier de la nation, et que les formes de gouvernement, quelles qu'elles fussent, n'étaient que des délégations qu'elle faisait, à certaines conditions, de l'exercice de la souveraineté. Ce principe est, je crois, incontestable aujourd'hui pour tous ceux qui réfléchissent et qui sont de bonne foi, sans les conduire pourtant aux conséquences funestes qu'en tirèrent ceux qui le reçurent les premiers. Ceux-là croyaient que le peuple, étant souverain, devait faire par lui-même tous les actes de la souveraineté. L'expérience et la raison nous ont appris à repousser bien loin cette fausse conséquence. Nous savons que la nation ne peut pas se gouverner par elle-même, ni intervenir directement, en aucune manière, dans les actes du gouvernement, et que, dans tous les cas où elle a cru le faire, et dans quelque pays que ce soit, elle a été livrée à l'anarchie, ou à la tyrannie de quelques hommes qui se servaient de la force qu'ils tiraient d'elle pour l'opprimer.

Mais ce que nous savons aussi, c'est que les nations ne sont pas faites pour les gouvernemens, mais bien les gouvernemens pour les nations. De là le droit qu'elles ont de déterminer, en raison des circonstances qui leur sont propres, les principes et les moyens d'après lesquels elles doivent être gouvernées. C'est la fixation de ces principes et de ces moyens, le seul acte de souveraineté que puissent faire directement les nations, qui forme la constitution.

On dit que le roi nous a donné la charte; ceci est très-vrai sous un rapport, mais ne l'est pas sous un autre, et ne l'est pas surtout sous le rapport le plus important. Le roi a conçu, médité, rédigé la charte; c'est-à-dire que le roi a eu le mérite de saisir l'ensemble des circonstances de la France, de deviner les intérêts de tous, et les moyens de les garantir ; mérite d'autant plus grand pour l'auteur de la charte, qu'il lui a fallu, pour cela, résister aux illusions les plus séduisantes ; mais on ne peut pas dire que si le roi n'eût pas pris lui-même le soin de former le pacte constitutif, nous eussions dû être soumis au pouvoir absolu ; cela était impossible chez un peuple qui avait fait tant d'efforts pour s'y soustraire, et qui, depuis vingt-cinq ans, avait au moins l'habitude des formes constitutionnelles. Le pouvoir absolu était impossible à un gouvernement qui, n'ayant d'autre force pour s'établir que le degré d'estime qu'on lui accordait au-dessus des autres, se trouvait, par cette seule raison, dans l'obligation de mieux faire. Dans les circonstances où la charte a pris naissance, elle résultait de la nature des choses, des besoins et des voeux de la nation. Ce que l'on peut dire, à la vérité, c'est qu'elle n'a pas été imposée au roi, c'est qu'il a été au-devant d'elle. Mais ceci est un accident qui tient à la sagesse, aux qualités personnelles du prince, il n'en reste pas moins constant pour cela, que la charte n'est qu'un contrat dans lequel il n'intervient que comme partie.

Maintenant il reste à savoir avec qui le roi a contracté.

Dira-t-on que c'est avec les chambres?

Dans ce cas, je demande de quelles chambres on veut parler ?

Ce n'est pas, sans doute, du *sénat* et du *corps législatif?* C'est donc de la chambre des pairs et de celle des députés.

Mais ces chambres sont nées de la charte : or il est contre toutes les règles de la raison d'attribuer à une chose l'existence de son principe. La charte n'a donc pu provenir que de choses qui l'aient précédée : on demande quelles peuvent être ces choses?

Le roi, sans doute, a précédé la charte ; mais, lorsqu'on est seul, on ne contracte pas, on ne s'engage pas envers soi-même par un acte solennel. La charte consacre des intérêts et reconnaît des droits qui sont ceux de la nation tout entière, c'est donc avec la nation que le roi a contracté (1).

---

(1) Ce n'est qu'en forçant le principe de la souveraineté du peuple qu'on peut dire que la charte est un *mandat imposé* au roi. Un mandat *imposé* peut laisser supposer de la répugnance de la part de celui qui le

Tout en convenant de cela, dira-t-on maintenant qu'au moment où le contrat a été consommé, la nation a remis tous ses pouvoirs aux corps qu'elle venait de constituer?

Mais, nous le répétons, la nation qui est inhabile à se gouverner, est seule habile à connaître ses intérêts et à consacrer ses droits, attendu que les intérêts ou les passions de ceux à qui elle se confierait pour en décider, pourraient s'y trouver contraires. Lorsqu'elle délègue l'exercice de la souveraineté, c'est à de certaines conditions et dans de certaines limites; c'est non seulement avec l'obligation de respecter ses intérêts et ses droits, mais en-

---

reçoit. Or une des garanties de la fidèle exécution de la charte, résulte des avantages qu'y trouve le roi. Les obligations contenues dans cet acte sont d'ailleurs réciproques, ce qui constitue suffisamment la nature du contrat. Il est vrai qu'il y a cette différence entre un contrat en affaires privées et celui-ci, que dans le premier cas, l'exécution est garantie par une force extérieure aux contractans, qui est la loi, et que la charte repose entièrement sur la foi des parties qui l'ont formée; mais on ne peut tirer autre chose de cette différence, si ce n'est que dans le dernier cas l'infraction est plus immorale et surtout plus dangereuse, attendu que la peine est indéterminée et peut prendre les caractères de la vengeance.

core avec celle de n'user que des moyens qu'elle a établis pour les garantir.

Je sais que quelques hommes qui poussent aussi loin que possible la science des distinctions, qui distinguent parfaitement, par exemple, l'obligation de se conduire des doctrines qu'on peut avoir, ont dit qu'il y avait dans la charte deux choses distinctes, savoir : les articles fondamentaux, c'est-à-dire, ceux qui reconnaissent les intérêts et les droits ; et les articles d'exécution ou réglementaires, c'est-à-dire, ceux qui déterminent les moyens. Oui, sans doute, ces deux choses sont très-distinctes ; chacun, en lisant la charte, peut dire : Ceci est un droit, ceci est un moyen. Mais il ne résulte pas de ce que les articles de la charte sont de deux natures, que les uns soient moins importans que les autres, et qu'ils proviennent de sources différentes. Ces hommes veulent bien convenir que les articles fondamentaux sont inviolables, un petit effort de métaphysique les aurait conduits à reconnaître que ce qu'ils appellent les articles réglémentaires ne l'étaient pas moins ; que si les premiers appartiennent à la nation, les autres lui appartiennent également, attendu que celui qui stipule un droit, stipule aussi le moyen de le garantir ; puisque des droits sans moyens sont illusoires. De là ils seraient convenus qu'en modifiant les moyens de la charte d'une certaine manière, on pouvait modifier les droits, les anéantir, et que, puisqu'il n'était pas permis de porter atteinte aux droits, il ne devait pas l'être davantage de porter atteinte aux moyens. Mais ces messieurs ne sont métaphysiciens que jusqu'à un certain point.

L'unité dans le pouvoir exécutif, la division du pouvoir législatif, l'indépendance du pouvoir judiciaire, la forme du gouvernement enfin, ne sont que des moyens. Si l'on admet que les chambres puissent disposer d'un des moyens déterminés par la constitution, il faut admettre aussi qu'elles peuvent disposer de tous les autres; qu'elles peuvent être appelées à prononcer sur leur propre existence, sur celle de tout autre pouvoir, sur la forme du gouvernement. Or, je le demande, si les chambres consentaient à déférer au roi le pouvoir absolu, ou permettaient qu'il se dépouillât du pouvoir salutaire que lui donne la constitution, pense-t-on que la nation serait engagée par leur volonté? Non, sans doute, on ne le pense pas; l'importance de la supposition fait sentir que, dans ce cas, il y aurait usurpation de pouvoir : eh bien, cette usurpation résulterait également de toute atteinte portée aux autres dispositions de la charte ; de quelque peu d'importance que pût paraître cette atteinte en elle-même, elle aurait toujours l'extrême importance de la violation d'un principe, et par cette raison, pourrait conduire à toutes les autres. Lorsque les vues de Bonaparte ne s'accordèrent plus avec la constitution, ce fut aux pouvoirs qu'elle avait créés qu'il s'adressa pour y déroger, et ce fut ainsi qu'il parvint à remplacer un pacte libéral par une foule de sénatus-consultes conformes à ses projets despotiques. Mais qu'arriva-t-il pour lui même de cette usurpation de pouvoir, de cet oubli de tous les principes ? c'est que le sénat se crut le droit de prononcer sa déchéance.

Les chambres peuvent être considérées comme dépositaires de la constitution ; mais c'est pour la conserver, pour la défendre. Lorsqu'elles sanctionnent une loi, elles ne font autre chose que de reconnaître qu'elle est conforme à l'esprit et à la lettre de la charte ; et si quelque jour il se trouvait vrai que le gouvernement pût s'abuser sur ses droits et sur ses intérêts au point de leur proposer de violer cette charte, ce n'est qu'en se récusant qu'elles pourraient se montrer pénétrées de leurs devoirs.

Jusqu'ici j'ai eu pour objet de prouver que les pouvoirs constitués par la charte étaient insuffisans pour la changer. Mais je n'ai pas voulu dire qu'elle ne pouvait pas l'être par d'autres.

Tout contrat peut être modifié par le concours de ceux qui l'ont formé ; la charte peut l'être par le roi et la nation.

Il est vrai que le cas de révision n'y a pas été prévu ; mais il est clair qu'un contrat ne repose que sur la volonté des contractans, et sur-tout celui-ci, puisqu'après le roi et la nation qui l'ont formé, il n'y a plus rien. On ne peut donc se fonder sur cette imprévoyance pour contester le droit. Elle ne devient importante que parce que les moyens de changement restent incertains, et que dans le cas où la nation devrait intervenir, la forme de son intervention devient de la plus grande importance ; mais nous avons des exemples sur des cas pareils.

La nation, sans doute, ne saurait directement discuter le mérite des changemens qui lui seraient proposés ; elle devrait confier cette tâche à une assemblée formée *ad hoc*. Mais alors le mode d'élection ordinaire serait insuffisant, car les électeurs ne composent pas la nation. L'élection dans ce cas devrait provenir des assemblées primaires, et encore ces assemblées ne pourraient donner de pouvoirs que pour examiner, discuter et proposer les changemens qu'il n'appartiendrait qu'à elles seules de rendre constitutifs.

Cette puissance que je reconnais dans la nation, ne me conduit pas à cette conséquence, qu'un soulèvement populaire puisse disposer de la constitution : il m'est démontré qu'un mouvement libre et spontané est impossible dans une nation comme la France. Tous les soulèvemens, tous les cris dont notre révolution nous offre des exemples, tout ce qui pourrait arriver de semblable, ne serait, comme alors, que le mouvement de quelques-uns au milieu de la stupeur de plus grand nombre ; ce ne serait toujours que des ambitions criminelles, que des intérêts opposés à la société qui menaceraient de la détruire. Pour que la véritable volonté de la nation puisse se manifester, il faut que la provocation vienne d'une source capable de tranquilliser les consciences ; de rassurer les bons, d'effrayer les méchans. Dans le cas où nous nous trouvons, ce n'est que sur l'appel du roi que je pourrais reconnaître le concours de la nation.

Or dans la supposition où des changemens

à la charte seraient devenus nécessaires, le roi sur qui la nécessité peserait d'abord, devrait les proposer à la nation; dans ce cas l'initiative de sa part résulte de la nature des choses.

J'apprécie toutefois la difficulté du seul moyen licite de toucher à la charte; je sens qu'autant que possible, on doit s'abstenir d'en user; mais ce n'est que de la difficulté de porter atteinte aux choses, que résulte leur stabilité; or la stabilité doit être le caractère principal de la constitution.

Autrement où serait la garantie de nos libertés? dans la sagesse du prince, dans la justesse, dans la modération de ses vues? Mais les sages ne se trouvent pas parmi les rois dans une proportion plus forte que parmi les autres hommes; ils doivent même se rencontrer sur le trône plus rarement que partout ailleurs; car là tout conspire contre la sagesse. Nous possédons aujourd'hui ce bien inestimable, mais qui nous répondra de l'avenir? Des gens plus habitués au langage des cours qu'à celui de la vérité, nous ont dit qu'il ne pouvait pas se trouver de despotes dans la famille des Bourbons; mais sans revenir sur le passé, nous savons que les accidens dans les passions humaines, ne doivent pas se compter par familles, mais par individus. C'est pour nous soustraire à ces accidens, dont, tant de fois nous avons fait la triste expérience, que nous nous sommes donné une constitution. Or, il est clair que nous n'avons pas dû la mettre entre les mains de ceux contre la fragilité desquels nous avons voulu nous prémunir. Si la charte pouvait être changée ou modifiée par le concours des trois ordres du pouvoir législatif, elle ne serait plus qu'une loi ordinaire, et quelque jour nous pourrions voir un tyran déclarer : que la charte est mise au néant, et que le pouvoir absolu est déféré au monarque ; et ces mots, revêtus de la sanction de deux chambres corrompues ou timorées, nous enlever légalement nos libertés.

Mais la charte n'est pas entre le roi et les chambres, mais les chambres avec le roi ne peuvent porter de lois que conformes à la charte ; toutes celles qu'elles feraient en opposition, seraient impuissantes, ou le jour où de pareilles lois trouveraient crédit, nous serions voisins de l'esclavage ou de l'anarchie.

Si j'ai prouvé que les changemens annoncés par le bruit public, ne pouvaient pas être faits de la manière dont on le craint, sans violer le droit, je n'ai pas prouvé que le gouvernement n'avait pas l'intention de les obtenir ainsi.

Mais ceci ne me paraît pas comporter un long examen.

Je ne doute pas que le gouvernement ne veuille le plus de pouvoir possible ; cela est dans sa nature.

Mais je ne puis pas croire qu'il préfère au pouvoir limité, mais certain, mais incontestable que lui donne la constitution, un pouvoir plus étendu qu'il obtiendrait par une violation, et qu'à chaque instant il serait en danger de perdre.

Je ne puis pas croire qu'il veuille compromettre son existence en rompant le seul lien qui puisse engager la nation envers lui.

Il n'y a, il ne peut y avoir en France d'autre pouvoir que celui reconnu par la charte. C'est là qu'il est sacré, c'est là qu'il est salutaire; hors de là il est sans force, sans appui, hors de là il peut devenir funeste.

Mais un autre bruit circule. Qui pourrait laisser supposer que le gouvernement, tout en reconnaissant les principes que nous venons d'établir, se trouve dans la nécessité de les violer.

On parle d'une influence étrangère.

Des gens qu'on pourrait croire criminels, s'il n'était plus généreux de les croire aveugles, prétendent justifier ce bruit, et en établir la vraisemblance de cette manière : Depuis trente ans, disent-ils, les nations de l'Europe sont soumises aux événemens de la France. Après avoir risqué de périr par ses armes, elles sont menacées de se détruire elles-mêmes, en voulant s'appliquer les théories qu'elle a enfantées sur les droits de l'homme, et sur les rapports des nations avec les gouvernemens. Dans l'intérêt de leurs peuples, et surtout dans l'intérêt de leur puissance qui est menacée par les garanties qui leur sont demandées, les roi étrangers, ajoutent-ils, ont bien le droit d'intervenir dans les affaires de la France, pour réduire au silence des doctrines, et pour anéantir des institutions, sur lesquelles leurs peuples prennent exemple et fondent leurs prétentions.

Je commence par déclarer que je ne crois pas a cette influence étrangère, et je repousse ainsi les raisons sur lesquelles on l'appuie.

En attaquant nos institutions politiques, les puissances étrangères ne sauraient avoir en vue de prévenir le système de conquête qui les a frappées ; car les plus fortes garanties qu'elles puissent avoir contre le retour de ce système, sont justement ces institutions : ce serait donc, comme on le dit encore, pour empêcher que les idées sur lesquelles elles se fondent, ne devinssent contagieuses pour leurs peuples.

Si l'exemple de la France a fait germer chez ces peuples le besoin de la liberté et des garanties qu'elle exige, ils lui sont assurément redevables; mais il est possible que les rois aient jugé tout autrement qu'eux du mérite de la liberté, et qu'ils aient pensé que les vœux de leurs sujets compromettaient leur puissance, et alors ils ont pu employer tous les moyens de se préserver, même en s'en prenant à la France, par la raison que chacun a le droit de tout faire pour assurer sa conservation; mais c'est par cette raison que la France pourrait repousser une influence qui compromettrait la sienne. Or les moyens ne lui manqueraient pas pour cela. Les puissances étrangeres n'ont point oublié sans doute que naguères encore la France leur dictait des lois, et que si elle a dû renoncer pour toujours à un système contraire à la liberté où elle place maintenant toute sa gloire, elle peut bien prétendre au moins à se soustraire à leur domination.

Si par le court examen que nous venons de faire, la raison se refuse à croire aux projets annoncés de porter atteinte à la constitution, soit par l'impossibilité de les réaliser, soit par les dangers qu'ils présenteraient pour la nation et pour le gouvernement, si pourtant ces projets existent comme on n'en saurait douter, à quel intérêt devrons-nous les rapporter, à qui donc devrons-nous les attribuer ?

Nous faudra-t-il consentir à reconnaître que la France, après tant de pénibles sacrifices pour obtenir la liberté, est livrée à l'ambition d'un ministre, que la commotion qu'elle ressent en ce moment n'est destinée qu'à le raffermir ? et que s'il doit tomber, la France doit tomber avec lui ?

Quoiqu'une nation ne puisse s'avouer, sans honte, que son sort dépende de la fortune d'un homme, la France se voit forcée aujourd'hui de se reconnaître dans cette position. Elle doit se l'avouer, elle doit le dire hautement, parce que c'est le moyen, en éclairant la religion du prince, de détourner le péril qui la menace et qui devrait le frapper, puisqu'on ne peut concevoir de sécurité pour le prince, quand la nation est en danger.

L'opinion qui, jusqu'à ce jour, a trouvé si facilement accès auprès du trône, n'a qu'à se manifester pour y parvenir encore, et pour y être accueillie.

Lorsque la France demandera au roi de

maintenir cette charte, *son plus beau titre aux yeux de la postérité*, elle devra être entendue, et l'ambition d'un homme et les intérêts d'une faction devront céder aux intérêts de l'immense majorité. Alors nous demanderons au roi de nous préserver du retour d'un pareil danger en étendant les garanties que nous promet son ouvrage ; car nous savons par l'expérience de tous les temps, et par celle que nous en faisons encore aujourd'hui, qu'il faut des limites au pouvoir, et de fortes limites, qu'autrement il marche emporté par son principe.

On nous menace, mais nous avons des armes à opposer à nos ennemis.

Reposons-nous avec confiance dans la sagesse du prince, et sur la force des choses.

FIN.

www.ingramcontent.com/pod-product-compliance
Ingram Content Group UK Ltd.
Pitfield, Milton Keynes, MK11 3LW, UK
UKHW020538230726
13925UKWH00006B/2355